LA GUERRE DU PARAGUAY

Élisée Reclus

Édition : Culturea 34980 (Hérault)
Impression : BOD - In de Tarpen 42, Norderstedt (Allemagne)
ISBN : 9782385089115
Dépôt légal : Novembre 2022

Il y a plus d'une année, nous parlions ici même de l'interminable guerre qu'a déchaînée le hautain *ultimatum* du Brésil signifié au gouvernement de Montevideo le 18 mai 1864. Depuis la terrible bataille de Tuyuti, la plus meurtrière de toutes celles qui ont ensanglanté le sol de l'Amérique méridionale, la situation des belligérans ne s'est point modifiée, et le grand empire brésilien reste toujours impuissant contre ce petit pays du Paraguay, dont la population égale à peine celle de deux départemens français. En dépit des bulletins de victoire que ne manque jamais de transmettre le télégraphe à l'arrivée des paquebots transocéaniques, les impériaux et les Argentins, leurs alliés, n'ont encore pour toute conquête que les terrains marécageux où ils ont établi leur camp, tandis que les soldats de Lopez n'ont point abandonné l'énorme territoire arraché à la province de Matto-Grosso. En vain le Brésil s'acharne contre la petite république; il a déjà perdu plus de 40,000 hommes et se voit obligé d'armer ses esclaves; il a dépensé plus de 600 millions de francs, et doit maintenant avoir recours au fatal expédient du papier-monnaie; après quarante années d'une apparente prospérité, le jeune empire qui se donnait à lui-même le nom de «géant de l'Amérique du Sud» entre dans une période de crise redoutable et menaçante même pour la durée de ses institutions politiques et sociales. Son existence comme unité nationale est en danger, et il ne serait pas impossible qu'après la guerre actuelle le rétablissement de l'équilibre dans les états du continent s'opérât au détriment de l'empire esclavagiste. Il importe donc d'étudier avec soin et d'exposer clairement les principaux événemens d'une guerre dont les conséquences peuvent avoir une telle gravité.

I

Après que l'armée de terre, arrêtée dans les marais de Tuyuti, eut vainement essayé de s'ouvrir de vive force un chemin vers l'Assomption, c'était au tour de l'escadre de faire la même tentative. Les trois chefs des alliés, Mitre, Florès et Polydoro, tinrent conseil avec l'amiral Tamandaré, et décidèrent que la flotte aurait à forcer le passage du Paraguay et à bombarder les redoutes de l'ennemi, tandis que les troupes de débarquement monteraient à l'assaut. D'après les reconnaissances préliminaires, on croyait que les batteries de Curupaity, situées en aval d'Humayta sur la berge concave d'une anse de la rive gauche, étaient de ce côté les premiers travaux de défense; mais quelques navires brésiliens qui remontaient sans crainte le courant dans la direction de Curupaity furent brusquement salués à coups de canon par une nouvelle batterie qu'un rideau d'arbres leur avait cachée jusqu'alors. C'était la batterie de Curuzu, premier obstacle qui devait être dépassé avant qu'on essayât d'aborder les ouvrages plus formidables de Curupaity. Le 1ᵉʳ septembre 1866, tous les préparatifs de l'attaque étaient terminés, et le lendemain une force de 8,300 hommes débarquait en aval de Curuzu, protégée par le feu que les onze navires de l'escadre faisaient converger sur les défenseurs de la redoute. Ceux-ci, au nombre d'environ 2,000, et disposant d'une douzaine de pièces de divers calibres, avaient à la fois à répondre au bombardement de la flotte, à résister aux assauts combinés des colonnes d'infanterie, à garder leurs flancs contre les surprises des cavaliers ennemis; cependant ils purent tenir jusque dans la journée du 3, et, quand ils abandonnèrent le fortin, ils sauvèrent encore trois canons. Les alliés restaient maîtres de la position; mais ce triomphe avait été chèrement acheté: un millier des assaillans étaient tués ou blessés, un navire cuirassé, le *Rio-de-Janeiro*, avait sombré dans le fleuve, et deux autres vaisseaux avaient été mis hors de service.

La prise de la redoute de Curuzu fut considérée à Buenos-Ayres et à Rio-de-Janeiro comme un grand triomphe, d'autant plus que peu de jours après le maréchal Lopez faisait une démarche inattendue en faveur de la réconciliation. Le 4 septembre, un parlementaire portant le drapeau blanc sortit des lignes de Curupaity pour inviter le général Mitre à une entrevue personnelle avec le président du

Paraguay. Quel était le motif réel d'une pareille demande, venant d'un homme qui jusqu'alors s'était défendu avec un tel acharnement? On crut d'abord que, se sentant perdu, il voulait se ménager une capitulation honorable, et, malgré les conseils du maréchal brésilien Polydoro, le président Mitre, commandant en chef des alliés, consentit à l'entrevue. Elle eut lieu le lendemain, à moitié chemin des deux quartiers-généraux de Tuyuti et de Paso-Pucu, dans les bosquets de palmiers de Yataiti-Cora. Les deux présidens, suivis de loin par leurs états-majors, s'avancèrent au-devant l'un de l'autre avec beaucoup de gravité, des deux parts la courtoisie du langage et des manières fut parfaite, et le général Mitre crut devoir s'en féliciter dans sa dépêche officielle adressée au vice-président de la république argentine; mais le seul résultat des paroles échangées avec tant de pompe et de bonne grâce fut que les armées continueraient à s'entr'égorger. D'après les divers renseignemens obtenus depuis sur la conversation des deux généraux en chef, il paraît que Lopez s'attacha surtout à démontrer combien est funeste et déplorable pour la république de Buenos-Ayres cette alliance conclue avec l'empire esclavagiste du Brésil contre une république sœur ayant la même origine, la même histoire, les mêmes intérêts. Il parla du scandale auquel cette alliance avait à si bon droit donné lieu dans tout le Nouveau-Monde, et rappela la protestation solennelle que le Pérou venait de lancer au nom de la plupart des républiques hispano-américaines. D'ailleurs il se déclarait prêt à faire aux Argentins toutes les concessions compatibles avec l'honneur du Paraguay, pourvu que l'alliance avec le Brésil fût rompue. A ce prix, il se chargeait d'être le champion de toute l'Amérique espagnole et de triompher à lui seul de l'ennemi héréditaire. Sans doute le général Mitre dut comprendre cette vérité si facile à saisir, qu'en s'alliant pour une guerre de conquête avec l'empire brésilien il avait trahi les intérêts de toutes les républiques américaines; mais il resta sur la défensive en alléguant les termes du traité de la triple alliance, et déclara que la paix ne serait point conclue tant que le Paraguay n'aurait pas été vaincu et son président exilé.

L'espoir que l'on avait conçu de voir enfin se terminer la lutte était donc mis à néant, et les hostilités recommencèrent. Se croyant d'autant plus forts qu'ils venaient de repousser une proposition de paix, les alliés résolurent de frapper un grand coup; mais l'opération qu'ils allaient entreprendre devait précisément se terminer pour eux par le plus désastreux des revers et leur démontrer combien ils s'étaient déçus en se figurant que leurs adversaires étaient réduits à la dernière extrémité. Le 22 septembre à sept heures et demie du matin, la flotte cuirassée de l'amiral Tamandaré remonta le fleuve, força l'estacade qui barrait le chenal à une faible distance en aval de Curupaity, et, choisissant près de la rive droite une position peu dangereuse, commença le bombardement des batteries de Lopez, que commandait le général Diaz, naguère encore simple soldat aux pieds nus. Les Paraguayens répondirent à peine, et l'on put croire qu'ils avaient beaucoup souffert. A midi, le général Mitre, s'imaginant sans doute que les canons de l'ennemi étaient déjà démontés, donna l'ordre de l'attaque sur le front méridional des défenses de Curupaity. Quatre colonnes d'assaut se dirigèrent à la fois de Curuzu vers les retranchemens de l'ennemi. A gauche, appuyées par le feu de l'escadre, marchaient parallèlement au fleuve les deux colonnes brésiliennes du baron de Porto-Alegre, fortes d'environ 8,000 hommes. A droite, les deux colonnes argentines, dont l'effectif était plus élevé d'à peu près un millier de combattans, s'élançaient à l'assaut en longeant la rive occidentale de la lagune de Piris. Le général Florès, à la tête de 3,000 excellens cavaliers, Orientaux pour la plupart, avait mission d'opérer sur l'autre bord de cette lagune et d'inquiéter du côté de l'est les défenseurs de Curupaity, tandis que le gros de l'armée brésilienne, commandé par le maréchal Polydoro, devait sortir de ses lignes de Tuyuti pour marcher directement à travers les bois sur Humayta. Le plan du président Mitre était d'attaquer ainsi les trois faces des retranchemens paraguayens: à l'ouest par les vaisseaux de l'escadre, au sud par ses colonnes d'assaut, à l'est par l'armée de Polydoro et la cavalerie de Florès; malheureusement pour lui, ce plan ne fut exécuté qu'en partie. Le baron de Tamandaré, craignant de voir sombrer ses navires, se tint à une distance respectueuse des batteries du fleuve, et, plus timide encore, le maréchal Polydoro se contenta de ranger ses troupes en ligne de bataille. Pendant ce temps les Argentins et les soldats de Porto-Alegre, essayant vainement de franchir les abatis d'arbres épineux et les larges fossés qui défendaient les abords de Curupaity, se laissaient mitrailler presque à bout portant par les canonniers paraguayens. Lorsque les colonnes d'assaillans, éclaircies par les balles et les boulets, renoncèrent enfin à leur œuvre impossible, 6,000 morts ou blessés, plus du tiers de l'armée, étaient épars sur le sol parmi les arbres abattus et les rameaux brisés. Çà et là brûlaient les hautes herbes des clairières, et les Paraguayens durent sortir de leurs retranchemens pour retirer des flammes les corps de leurs ennemis tombés.

L'échec était grave; mais les récriminations, les disputes, les haines auxquelles il donna naissance entre les chefs alliés, furent bien plus graves encore au point de vue militaire. Le général Florès, mécontent du rôle secondaire que lui avaient fait jouer les chefs alliés, quitta brusquement l'armée, et revint à Montevideo se consoler par l'exercice de la dictature de tous les mécomptes éprouvés au camp. Le président Mitre, voilant sa personne sous le fier pseudonyme d'Orion, daigna prendre le public pour confident, et, dans ses lettres à la *Tribuna* de Buenos-Ayres, expliqua combien il était déplorable que son plan de campagne «napoléonien» n'eût pas été compris par les généraux qui devaient le seconder. De leur côté, ceux-ci se plaignirent à leur gouvernement des façons despotiques du président argentin. Ainsi que le président du conseil des ministres, M. Zaccarias, l'avoua lui-même en pleine chambre à Rio-de-Janeiro, toute action commune entre les chefs alliés était devenue impossible: la flotte refusait de coopérer avec les troupes de terre; les impériaux, les Argentins, se reprochaient mutuellement le désastre. Il fallut que le Brésil confiât la direction de ses troupes à des hommes nouveaux. Tandis que le président Mitre gardait le titre de général en chef, que lui avait conféré le traité de la triple alliance, le maréchal brésilien Polydoro fut remplacé par le vieux marquis de Caxias, l'ancien adversaire de Garibaldi dans les troubles de Rio-Grande-do-Sul, et le baron de Tamandaré céda le commandement de la flotte à l'amiral Ignazio.

Malheureusement pour leur gloire, les nouveaux titulaires avaient à peine eu le temps de s'occuper de la réorganisation des forces qui leur étaient confiées, qu'une série de contre-temps vint entraver leur œuvre. D'abord une insurrection redoutable éclata dans les provinces centrales de la république argentine, et, pour en triompher, le gouvernement de Buenos-Ayres fut obligé de rappeler en toute hâte les quatre ou cinq mille Argentins qui restaient encore dans le camp de Curuzu. Le marquis de Caxias dut s'en féliciter, car le président Mitre partait en même temps que ses troupes et lui laissait l'initiative des opérations militaires; mais les soldats qui s'éloignaient étaient les meilleurs de l'armée, et dans les combats avaient toujours marché à l'avant-garde contre les Paraguayens. Bientôt après survint le fléau du choléra, qui réduisit l'effectif des troupes beaucoup plus encore que ne l'avait fait le départ du contingent de Buenos-Ayres. L'insalubrité naturelle des marécages environnans s'était encore accrue par suite de l'incurie des troupes et de leur ignorance absolue des règles de l'hygiène: toutes les coulées d'eau stagnante avaient été changées en d'immondes cloaques, des milliers de cadavres humains restés sans sépulture se décomposaient sur le sol, plus de cent mille carcasses mêlées aux chairs putréfiées des animaux égorgés empestaient l'atmosphère; ainsi que l'avoue le rapport officiel du ministre Paranagua, plus du tiers de l'armée campée à Tuyuti fut atteint par le fléau; 7,500 malades se trouvèrent à la fois dans les trois hôpitaux de Cerrito, d'Itapirù et de Corrientes, et la mortalité prit de telles proportions que la moitié des patiens succomba. Du foyer d'infection de Tuyuti, la maladie se propagea dans toutes les villes des bords du Parana. Rendus furieux par la terreur, les *gauchos* presque barbares des environs de Corrientes voulaient se précipiter la lance au poing sur les hôpitaux de la cité et massacrer tous les malades: il fallut que le marquis de Caxias envoyât un fort détachement de troupes pour défendre les malheureux cholériques. Enfin, grâce à la saison froide, qui dans ces régions commence en avril et en mai, «grâce aussi, dit M. Paranagua, au zèle et à la charité des pères capucins,» la maladie cessa peu à peu ses ravages; mais un autre fléau, l'inondation, vint ravager les camps. Depuis soixante années, dit-on, la crue du Parana et de son affluent le Paraguay n'avait jamais atteint une pareille hauteur: les lagunes en forme de croissant qui marquent à droite et à gauche les anciens méandres du fleuve furent toutes remplies par les eaux débordées; les terres hautes, graduellement rétrécies par l'inondation, se changèrent en îles; les quelques milliers de Brésiliens campés à Curuzu furent obligés de se réfugier dans l'étroite redoute qu'assiégeaient de toutes parts les eaux rapides du Paraguay. Sous peine d'être emporté par le courant, il fallait évacuer la place en toute hâte. Afin de protéger la retraite, la flotte s'embossa devant Curupaity, mais elle essaya vainement de réduire au silence le canon du fort; elle fut obligée de redescendre le fleuve, hors de la portée des boulets, et de laisser les Paraguayens concentrer leur feu sur la redoute à demi submergée de Curuzu. Le 29 et le 30 mai, le bombardement produisit un effet terrible. S'échappant en toute hâte de l'enceinte où elle était parquée comme un troupeau et où les projectiles et les eaux envahissantes la menaçaient à la fois, la malheureuse garnison alliée, composée d'environ 3,000 hommes, perdit beaucoup de monde avant de pouvoir s'embarquer. Cette évacuation forcée, qui rendait à jamais impossibles les communications directes du camp de Tuyuti avec le Rio-Paraguay, fut peut-être l'épisode le plus lamentable de toute la guerre.

II

Après la disparition complète du choléra et la fin de l'inondation, le marquis de Caxias, qui pendant l'absence du général Mitre commandait en chef les troupes alliées, put donner tous ses soins à la réorganisation de l'armée et préparer de nouvelles opérations de guerre. Durant toute la période d'inaction à laquelle avaient été condamnées les forces brésiliennes, le gouvernement de Rio-de-Janeiro s'était occupé d'expédier des renforts et d'accumuler dans les entrepôts de La Plata les approvisionnemens et les munitions. Les «volontaires de la patrie» ne se présentant plus qu'en très petit nombre, il avait fallu avoir recours à d'autres moyens que les appels et les proclamations pour remplir les cadres de l'armée: ainsi que l'a dit le sénateur Paranhos dans la séance du 9 septembre 1867, ce n'est point par un recrutement régulier, c'est bien par une véritable «chasse à l'homme» que l'on a dû trouver la quantité de *chair à canon* nécessaire à la dignité de l'empire. Les gardes nationaux désignés qui ne se rendaient pas immédiatement à l'invitation des gouverneurs de provinces étaient traqués dans les bois, puis enchaînés et conduits aux ports d'embarquement comme des criminels; les gens sans aveu, les ivrognes errans, étrangers ou nationaux, les prolétaires blancs ou noirs que n'avaient point de protecteurs haut placés, étaient saisis et jetés dans les prisons servant de casernes aux recrues; les électeurs indépendans que redoutaient les candidats ministériels disparaissaient tout à coup, et quand on entendait de nouveau parler d'eux, ils se trouvaient sur la flotte ou dans les camps marécageux des bords du Parana.

Cependant ces honteux moyens de recrutement ne suffisaient point. En dépit de l'éloquence officielle qui ne manque jamais de célébrer en termes pompeux le patriotisme *sublime* des citoyens, les esclaves ont dû combler dans l'armée les vides que ne venaient pas remplir les volontaires. A la date du 26 avril 1867, suivant le rapport du ministre Paranagua, 1,710 esclaves avaient été livrés aux officiers recruteurs: il est vrai que, pour leur faire apprécier la gloire d'aller se faire tuer au Paraguay, on leur avait accordé le titre de Brésiliens et la liberté de leurs femmes; mais la loi n'avait pas affranchi leurs enfans. Sur le nombre de ces soldats improvisés, 344 avaient été la propriété de l'état ou de la couronne, 75 étaient une dîme offerte en contribution de guerre par divers couvens de bénédictins et de carmélites, 524 remplaçaient des gardes nationaux désignés pour le service, et 770 seulement avaient été offerts gratuitement à la nation par des propriétaires isolés. Ne se trouvant pas suffisamment payés par les titres honorifiques et les décorations dont le pouvoir est si prodigue au Brésil, les planteurs ne se montrent guère empressés à faire largesse de leur propriété vivante, et, pour obtenir le contingent nécessaire, le gouvernement doit s'adresser à des entrepreneurs qui vont acheter sur les plantations des chiourmes d'esclaves, bientôt après changées en régimens de patriotes. Une autre couche de la population que les ministres brésiliens ont cru devoir employer dans la guerre contre le Paraguay est celle des criminels. Non-seulement dom Pedro, par un décret du 16 octobre 1866, a suspendu jusqu'à la fin de la lutte les décisions de tous les conseils de guerre, afin de ne se priver des services d'aucun militaire accusé de crime ou de malversation, non-seulement il a gracié en masse tous les déserteurs, à la condition qu'ils rentrassent dans les rangs de l'armée, il a aussi jugé convenable de transformer en défenseurs de la patrie plusieurs centaines des galériens de l'île de Fernando de Noronha, qui pour la plupart étaient accusés d'assassinat ou de tentative de meurtre. Ce n'est pas tout: quoi qu'en disent les feuilles officielles, des multitudes de captifs paraguayens ont été enrôlés de force dans l'armée qui envahit le sol de leur pays. La preuve péremptoire de ce fait se trouve dans le rapport du ministre Paranagua, d'après lequel le nombre de tous les prisonniers de guerre retenus dans l'empire est seulement de 719, et pourtant, depuis la reddition de l'Uruguayana, où plus de 1,800 hommes tombèrent aux mains des Brésiliens, les alternatives de la guerre leur ont encore livré plusieurs milliers d'ennemis. C'est principalement à Tuyuti que ces malheureux captifs font leur service forcé dans les rangs des alliés.

Grâce à tous ces moyens, de moralité plus que douteuse, qui doivent avoir pour résultat d'introduire dans l'armée des élémens d'indiscipline et de dissolution, les pertes subies par les forces brésiliennes furent largement compensées pendant les huit mois qui suivirent le désastre de Curupaity: l'effectif des renforts expédiés successivement au marquis de Caxias atteignit le total de 17,250 combattans. Quant au gouvernement argentin, il se contenta de renvoyer au camp de Tuyuti les 4,000 hommes qui venaient d'accomplir leur promenade militaire contre les insurgés de Cordova; à ces vétérans de la guerre on adjoignit seulement 400 criminels tirés des prisons de Buenos-Ayres, car, suivant l'aveu candide du gouverneur Alsina, dans son message du 23 mai 1867, ce mode de recrutement apporte beaucoup moins de trouble dans la société que ne le ferait le départ de la garde nationale. Vers le milieu du mois de juillet, plus de 40,000 hommes étaient campés dans les forêts et dans les marécages du Paraguay, à 3,000 kilomètres de navigation de Rio-de-Janeiro. En outre les navires cuirassés et de nombreux vapeurs non blindés avaient renforcé la flotte; d'énormes quantités de munitions et d'approvisionnemens étaient empilées dans les entrepôts de Corrientes et d'Itapirù. Ce dernier village a surgi dans l'espace de quelques mois, à une faible distance de l'ancien fortin du même nom. Parfois des multitudes d'embarcations et de transports réunis dans cette partie du Parana donnent à la rade qui s'étend devant Itapirù plus d'animation que n'en offre même l'estuaire de la Plata au large de Buenos-Ayres.

La réorganisation de l'armée étant aussi complète que possible, il fallait enfin se résoudre à satisfaire la nation brésilienne, qui demandait à grands cris quelque haut fait de guerre en échange de tous ses sacrifices d'hommes et d'argent. Le marquis de Caxias, après s'être concerté par dépêches avec le président Mitre, décida que le gros de l'armée abandonnerait le campement de Tuyuti pour tâcher de prendre à revers la place d'Humayta et d'en finir avec l'obstiné maréchal Lopez; soit en attaquant à l'improviste ses lignes sur quelque point mal gardé, soit en coupant ses communications avec l'intérieur du Paraguay et en le réduisant par la famine. Si l'ennemi, craignant d'être enfermé dans ses retranchemens, les abandonnait de lui-même, alors on se promettait de l'exterminer en bataille rangée. Tel était le plan de guerre auquel la flotte de l'amiral Ignazio devait coopérer en essayant de remonter le fleuve au-delà des forteresses paraguayennes.

Le 22 juillet, après avoir fait exécuter de nombreuses reconnaissances, non-seulement par les éclaireurs ordinaires, mais aussi, par des aéronautes en ballon captif, le général brésilien donna l'ordre, depuis longtemps attendu, de procéder au changement de base. Environ 12,000 hommes, sous les ordres du baron de Porto-Alegre, restaient au camp de Tuyuti pour maintenir les communications de l'armée avec le fleuve et les 2,000 soldats de la garnison d'Itapirù, tandis que le gros des troupes, comprenant plus de 25,000 combattans, allait s'aventurer loin des bords du Parana, dans les solitudes inconnues qui s'étendent à l'orient d'Humayta. Une marche de flanc, même entreprise par des forces bien supérieures en nombre à celles qui pourraient les assaillir, est toujours une périlleuse opération militaire; aussi le marquis de Caxias eut-il soin de faire accomplir à son armée un énorme détour à travers les marécages de l'Estero-Bellaco. Au lieu de marcher en droite ligne vers le nord pour gagner par le chemin le moins long et le plus facile les savanes où il voulait établir son nouveau camp, il prit la direction de l'est, parallèlement au cours du Parana, de manière à protéger sa gauche par de vastes marécages contre toute attaque des Paraguayens. Arrivée enfin à une assez grande distance des lignes ennemies pour que tout danger eût disparu, l'armée brésilienne se retourna vers le nord, puis vers l'ouest, les soldats traversèrent un profond *marigot* où ils avaient de l'eau jusqu'à la ceinture, et, rejoignant la cavalerie qui les avait précédés pour donner au besoin le cri d'alarme, ils se rapprochèrent avec précaution de la forteresse d'Humayta, dont les remparts se profilaient dans le lointain au-dessus des bouquets de palmiers. A vol d'oiseau, la distance qui sépare le camp de Tuyuti de celui de Tuyucué, où les Brésiliens allaient maintenant s'établir, est d'une dizaine de kilomètres seulement, et cependant l'armée avait employé une semaine entière à faire son évolution. Il est vrai que, grâce à ce long et prudent détour, les soldats impériaux ne furent point inquiétés dans leur marche; mais ils donnèrent aux défenseurs d'Humayta tout le temps nécessaire pour se mettre en garde. Quand les Brésiliens arrivèrent non loin de la forteresse, il était devenu impossible de donner l'assaut immédiatement: sur tous les renflemens du sol, les Paraguayens construisaient de nouvelles batteries de canons, protégées comme celles de Curupaity, de funeste mémoire, par des abatis, des chevaux de frise, des obstacles et des piéges de toute espèce.

L'armée brésilienne avait à peine terminé son évolution militaire que la direction des troupes alliées passait en d'autres mains, au grand détriment de la concorde, si nécessaire dans ces conjonctures périlleuses. Le 31 juillet, le président de la république argentine, investi du titre de général en chef par le traité de la triple alliance, arrivait à Tuyucué pour reprendre au marquis de Caxias le commandement que ce vieillard avait exercé par *interim*. M. Mitre était accompagné du général Hornos, de quelques aides-de-camp et de deux bataillons formant un effectif d'un millier d'hommes à peine: c'étaient là tous les renforts qu'il amenait à ses alliés. Avec les débris des régimens argentins décimés à Tuyuti et à Curuzu, le contingent de Buenos-Ayres s'élevait au plus à la septième partie de l'armée, et cependant c'est au président Mitre, c'est à ce général sans troupes que revenait l'honneur de commander en chef, tandis que l'empire devait continuer à fournir seul les hommes et les ressources militaires. Aussi l'armée brésilienne reçut-elle de fort mauvaise grâce le généralissime étranger, et de toutes parts retentirent des plaintes contre l'intrus, qui, sans contribuer aux charges de la guerre, prétendait en recueillir la gloire. Des officiers donnèrent leur démission pour n'avoir pas à prêter obéissance au président argentin, et le marquis de Caxias lui-même, tenu à plus de circonspection que ses subordonnés, ne sut point cacher complétement son dépit. Dans une dépêche en date du 8 août, il relève avec une certaine aigreur que le général Mitre a jugé convenable d'être seul pour rédiger le plan des opérations communes.

Du reste on attend encore l'exécution de ce plan si longuement mûri, et l'on se demande même s'il est possible de tenter quelque entreprise sérieuse. Les avantages obtenus par le déplacement du camp brésilien se réduisent à bien peu de chose. Il est vrai qu'en se portant à l'est du «quadrilatère» occupé par les forces paraguayennes, les assiégeans ont diminué d'un petit nombre de kilomètres l'espace qui les sépare de la citadelle d'Humayta; mais d'un côté comme de l'autre ils auront, s'ils se hasardent à tenter l'assaut, les mêmes obstacles à vaincre, les mêmes hommes à combattre. Sans doute maintenant il leur est beaucoup plus facile d'inquiéter les communications de la forteresse avec l'intérieur de la république; toutefois ce n'est qu'en s'exposant eux-mêmes à être coupés de leur ligne d'approvisionnemens et à souffrir la famine. La seule utilité réelle qu'ait eue pour les Brésiliens la translation de leurs tentes est celle de leur avoir procuré une position militaire moins insalubre que Tuyuti. Le nouveau camp, défendu au nord par le cours de l'Arroyo Hondo, tributaire du Paraguay, comprend les terres hautes de San-Solano, parsemées de bouquets de palmiers, et des savanes élevées que n'atteint jamais le niveau de l'inondation;

quant au quartier-général, il se trouve dans une «vasière desséchée,» car telle est en guarani la signification du mot Tuyucué, dérivé comme Tuyuti du radical *tuyu* (boue). D'anciens bourbiers sont évidemment préférables à des fondrières encore emplies de fange; mais les fièvres paludéennes et les maladies épidémiques ne peuvent manquer de s'y développer également pendant les chaleurs de l'été, alors que les eaux baissent dans les lagunes, et que les matières putréfiées se dessèchent au soleil. Aussi, vers la fin de septembre, dès que la saison torride eut commencé dans cette région du Paraguay, le choléra fit de nouveau son apparition dans le camp brésilien, et les populations de Buenos-Ayres et de plusieurs autres villes argentines ont dû imposer de rigoureuses quarantaines à tous les navires sortis du port d'Itapirù. D'ailleurs, il faut le dire, les mesures de précaution les plus élémentaires sont négligées par les inspecteurs du camp, et dans certains cas les officiers eux-mêmes semblent prendre à tâche d'augmenter les causes d'insalubrité. Un ancien canal du Parana qui permettait aux embarcations de remonter jusqu'à la berge même du village d'Itapirù s'étant récemment envasé, on y a construit une chaussée carrossable en se servant de cornes de bœufs, de carcasses d'animaux, de foin et de maïs en décomposition. Les quais où doivent s'entreposer toutes les denrées nécessaires à l'alimentation de l'armée sont ainsi transformés en foyers de pestilence.

<h1 style="text-align:center">III</h1>

En opérant son mouvement sur Tuyucué, l'armée brésilienne s'attendait à être immédiatement soutenue dans sa marche par une diversion de la flotte. Le soldat le moins expérimenté comprenait sans peine que, si les navires cuirassés ne forçaient le passage du fleuve pour aller ravitailler les troupes en amont de la forteresse d'Humayta, toute campagne sérieuse dans l'intérieur du Paraguay serait absolument impossible. Cependant plus de trois semaines s'écoulèrent sans que la flotte quittât son ancrage en face des batteries abandonnées de Curuzu. L'irritation grandissait peu à peu dans les camps: on accusait les marins de pusillanimité, on se moquait de cette inutile canonnade qui tonnait depuis des mois jour et nuit contre les batteries de Curupaity. Enfin on apprit avec joie que, sur l'ordre exprès venu de Rio-de-Janeiro, l'amiral faisait ses préparatifs pour la difficile aventure dont il était chargé. Le 14 août au soir, tous les navires étaient à leur poste, et les équipages attendaient l'ordre de départ. Une bizarre proclamation, unique peut-être dans l'histoire des guerres modernes, venait de mettre la flotte, par un jeu de mots pieux, sous la protection de la Vierge, et les superstitieux matelots se répétaient ces paroles d'heureux présage: «Brésiliens! soyez remplis d'espoir! La sainte église a donné la mère de Dieu pour patronne au 15 août: c'est demain la fête de la sainte Vierge-de-Gloire, de Notre-Dame-de-Victoire, c'est le jour de l'Assomption! C'est donc avec la gloire et la victoire que nous irons à l'Assomption!»

Au matin de ce grand jour qui devait éclairer le triomphe des Brésiliens, l'amiral Ignazio hissa le pavillon de départ sur le vaisseau le *Brasil*, et la flotte se mit en marche pour forcer le passage de la rivière. Un petit vapeur en bois, le *Lindoya*, garanti contre le canon de la forteresse par la masse épaisse du *Brasil*, accompagnait ce grand navire; mais tous les autres bâtimens qui se hasardaient l'un après l'autre dans la passe en suivant le sillage tracé par le vaisseau amiral étaient des frégates cuirassées: c'étaient le *Mariz-e-Barros*, le *Tamandaré*, le *Bahia*, le *Herval*, le *Colombo*, le *Cabral*, remorquant un mortier posé sur un radeau, le *Barroso*, le *Silvado* et le *Lima-Barros*, fermant l'arrière-garde. Les navires en bois, restés prudemment en aval, se contentaient de lancer des boulets et des bombes sur les ouvrages de Curupaity, tandis que les noirs vaisseaux cuirassés remontaient en silence le rapide courant du Paraguay. Les drapeaux flottaient orgueilleusement à l'arrière des frégates, mais artilleurs et matelots restaient cachés sous les grandes carapaces de fer; les canons eux-mêmes avaient été mis à l'abri, les sabords étaient fermés, des sacs de sable protégeaient les bordages contre le choc des boulets ennemis. Afin de diminuer encore les risques d'avarie, l'amiral avait donné l'ordre à ses navires de longer au plus près la berge de Curupaity, haute d'environ 10 mètres; il espérait que, grâce à cette manœuvre, la flotte, composée tout entière de bâtimens peu élevés sur l'eau, passerait au-dessous des projectiles lancés par les Paraguayens.

Toutefois les artilleurs du fort guettaient leur proie, et, dès qu'une ravine de la berge, une courbe de la rivière, un faux mouvement du timonier, leur permettaient de diriger la gueule des canons vers les navires brésiliens, leurs boulets allaient frapper en pleine armure. L'hélice du *Colombo* est brisée, sa machine ne fonctionne plus, et la lourde masse commence à redescendre le courant; il faut que le*Silvado* aille à son secours et prenne l'immense épave à la remorque; le *Lima-Barros* est frappé de 45 coups de canon; le *Brasil* et le*Herval* subissent aussi des avaries graves; les cuirasses de plusieurs frégates sont ployées et défoncées; un projectile entre dans la tourelle du *Tamandaré*, emporte le bras du capitaine et blesse les hommes qui l'entourent. Pendant les quarante minutes que les onze vaisseaux mettent à franchir le terrible défilé, ils ne reçoivent pas moins de 263 coups tirés à demi-portée par les 18 canons de Curupaity. Enfin ces batteries, qui ont arrêté deux années durant toutes les forces du Brésil, sont dépassées, la flotte arrive en lieu tranquille, loin des boulets qui plongent en sifflant dans les eaux du fleuve, et les matelots, remontés sur le pont, se félicitent à grands cris.

Était-ce donc un triomphe que venait de remporter le Brésil? On l'eût dit au premier abord, et la presse officieuse de Rio-de-Janeiro s'empressa de célébrer la chute prochaine de la forteresse du Paraguay et la capture inévitable du maréchal Lopez; on comparait l'amiral Ignazio forçant le passage de Curupaity au vieux Farragut passant victorieusement sous le feu des cent pièces de Port-Hudson, et, pour le récompenser de son haut fait d'armes, dom Pedro II lui donnait le titre de baron d'Inhauma. Bientôt pourtant il fallut reconnaître que le facile exploit de la flotte brésilienne était plutôt un désastre qu'une victoire. Ce n'est point seulement la passe de Curupaity qui aurait dû être forcée, c'étaient les redoutes d'Humayta qu'il aurait fallu doubler pour entrer dans les eaux libres et tenter d'établir des communications avec l'armée de terre. Or les navires cuirassés avaient subi trop d'avaries dans leur première étape pour oser commencer la seconde, bien autrement périlleuse. Devant eux, à l'angle de la rivière, les Brésiliens peuvent voir, soutenue par trois bateaux plats, l'épaisse chaîne en câbles de fer tordus qui barre le Paraguay de l'une à l'autre rive; en aval de cet obstacle, que le brusque détour du courant empêche d'aborder directement et de briser sous l'éperon des navires, se dresse, au milieu d'autres redoutes moins apparentes, la formidable batterie casematée de Londres, armée de 16 canons de gros calibre pouvant tous concentrer leur feu vers un même point; puis au-delà, sur une longueur de plusieurs kilomètres, se succèdent d'autres batteries commandant de leurs embrasures tous les passages du tortueux chenal qu'auraient à suivre les vaisseaux. A ces obstacles visibles se joint le danger des torpilles cachées çà et là dans le courant. Si la flotte cuirassée du Brésil a déjà tant souffert en subissant le feu d'un simple ouvrage avancé comme Curupaity, est-il à croire qu'elle pourra se glisser impunément sous les canons en nombre inconnu de la grande forteresse d'Humayta, transformée depuis vingt ans en boulevard imprenable? Dès l'abord, l'amiral douta de la possibilité du succès, car, en dépit des ordres formels du ministère, il a dû se borner à de simples reconnaissances; protégé par une île, il se contenta de jeter de loin quelques bombes dans la place. Le jour solennellement invoqué de l'Assomption n'a donc pas été favorable aux Brésiliens.

Dès que l'amiral Ignazio reconnut la folie qu'il y aurait de sa part à tenter le passage d'Humayta, il songea sans doute à redescendre en aval de Curupaity pour rejoindre le reste de la flotte et l'embouchure du Paraguay, bientôt même il reçut de Rio-de-Janeiro l'ordre d'avoir à réparer à tout prix sa première imprudence en revenant au plus vite à l'ancrage de Tres-Bocas; mais il était trop tard. Aussitôt après le passage des navires cuirassés, le maréchal Lopez s'était occupé de leur barrer la rivière en aval et de les emprisonner ainsi entre ses deux forteresses: il fit abaisser le niveau des berges afin que les artilleurs pussent incliner leurs canons et les pointer à bout portant sur les navires qui tenteraient de longer la rive; sur tous les points faibles, il fit construire des batteries supplémentaires armées d'une artillerie puissante; il fit immerger de nouvelles torpilles en diverses parties du chenal. Jour et nuit, le méandre du fleuve qui se déroule devant Curupaity est couvert d'embarcations et de radeaux qui se hasardent sans danger entre les deux flottes brésiliennes; jour et nuit, les affûts et les chars emplis de munitions encombrent le chemin qui rejoint la forteresse d'Humayta aux redoutes avancées. D'après les rapports officiels du mois de septembre, 130 grosses pièces d'artillerie défendent maintenant ce défilé du fleuve, qu'une vingtaine de canons avaient déjà rendu si périlleux pendant la journée du 15 août. Pour garder ses communications avec le reste de la flotte et son gouvernement, l'amiral bloqué a dû faire ouvrir un sentier à travers les épais fourrés et les marécages de la rive droite du Paraguay. Une garde de 2,000 hommes, détachée de l'armée principale, protége le chemin contre les attaques des maraudeurs; mais ceux-ci sont en si grand nombre, que les dépêches ont été fréquemment interceptées. D'ailleurs le sol de cette partie du Gran-Chaco est tellement bas et spongieux qu'on ne peut guère se servir du sentier que pour le transport d'objets d'un faible poids: la location d'une charrette pour ce trajet d'une dizaine de kilomètres ne coûte pas moins de 80 piastres fortes, et la tonne de combustible revient, dit-on, à 1,750 francs. La flotte ne se ravitaille qu'à grand'peine, elle épuise ses munitions sans pouvoir les remplacer, et ne peut même réparer ses avaries; les matelots désertent en foule pour ne pas être mis à la ration de disette ou pour échapper à l'ennui de leur captivité. Que va devenir cette flotte ainsi enfermée dans une impasse? Tentera-t-elle de se glisser de nouveau sous la formidable rangée des canons ennemis, au risque de sombrer tout entière dans ce dangereux voyage, ou bien sera-t-elle abandonnée comme un poste intenable par ses propres équipages? Après avoir été longtemps la gloire et l'espoir du Brésil, est-elle destinée à porter un jour en vue de Rio-de-Janeiro le pavillon du Paraguay? On dit qu'après le passage des navires cuirassés devant Curupaity, le maréchal Lopez félicita son armée par un ordre du jour. «Enfin, s'écriait-il, nos vœux sont accomplis! La flotte brésilienne est prisonnière. Il y a deux ans, au commencement de la guerre, nous avions tenté d'enfermer les vaisseaux ennemis entre Corrientes et les batteries de Cuevas, et maintenant ils viennent se placer d'eux-mêmes entre les deux forteresses d'Humayta et de Curupaity!»

IV

Il est facile de comprendre que, dans la situation redoutable où se trouvent à la fois leur flotte et leur armée, les alliés doivent ardemment désirer la paix; mais ce fatal amour-propre qui aveugle toujours les peuples et les gouvernemens ne permet pas aux trop confians signataires du traité de conquête d'avouer leur impuissance après tant de prétendues victoires, et d'entrer franchement en négociations avec le «tyran» qu'ils devaient détrôner en trois jours. Même après le sanglant revers de Curupaity, ils avaient décliné avec hauteur la médiation des États-Unis, que M. Washburn, ministre de la république fédérale à l'Assomption, leur avait offerte, le 11 mars 1867, en vertu des ordres de M. Seward; plus tard ils avaient repoussé bien plus fièrement encore une nouvelle proposition qu'avait présentée le général Asboth, ministre des États-Unis à Buenos-Ayres. Cependant, à la suite de pourparlers et d'intrigues dont le secret n'a pas été complétement dévoilé, les chefs de l'armée envahissante durent enfin se décider pour la première fois à faire des ouvertures de paix, tout en essayant de maintenir en apparence leur attitude martiale. Le secrétaire de la légation anglaise de Buenos-Ayres, M. Gould, jeune homme qui sans doute était désireux d'attacher son nom à un événement considérable de l'histoire américaine, s'offrit à servir d'intermédiaire entre les belligérans. Il fit demander au président Lopez l'autorisation de lui remettre officieusement les propositions des alliés, et, débarquant à Curuzu, se rendit par terre au quartier-général de Paso-Pucu, situé au sud-est de la forteresse paraguayenne. C'est là que M. Gould remit à Lopez le projet qui lui avait été confié par le général Mitre, et qui devait servir de base aux négociations de paix. Le premier article de ce programme, rédigé le 12 septembre au camp de Tuyucué, se bornait à demander le secret au gouvernement du Paraguay sur la démarche que faisaient les commandans alliés: avant toutes choses, ils tenaient à sauvegarder leur amour-propre. Quant au fond même des questions en litige, le général Mitre et le marquis de Caxias en faisaient bon marché: d'après les divers articles du projet de négociation, l'indépendance et l'intégrité du Paraguay devaient être formellement reconnues, ses limites devaient être respectées, les territoires envahis par l'une ou l'autre armée devaient être réciproquement rendus, et les prisonniers de guerre mis en liberté; le Brésil renonçait même à demander la moindre indemnité pour les énormes dépenses que lui avait occasionnées la terrible lutte. Toutefois, si les alliés, reconnaissant ainsi que la vie de plus de 100,000 hommes avait été vainement sacrifiée, se montraient si coulans sur les choses, ils ne voulaient point céder sur une question purement personnelle, et demandaient qu'aussitôt après la conclusion de la paix le président Lopez allât faire un voyage en Europe: repoussés par une nation, il leur fût du moins resté la puérile satisfaction d'avoir triomphé d'un homme.

Ces propositions devaient être évidemment rejetées, car ce n'est point de l'étranger qu'un peuple invaincu doit recevoir des ordres pour élire ou renvoyer ses magistrats. Les offres portées par M. Gould étaient remises le 14 septembre, précisément un mois après le commencement du blocus de la flotte brésilienne entre Humayta et Curupaity, et au plus fort des difficultés qu'éprouvaient les impériaux pour se ravitailler dans leur camp de Tuyucué. D'ailleurs ce que l'on sait du maréchal Lopez porte à croire qu'il n'est point homme à se laisser exiler pour complaire à l'amour-propre d'adversaires qu'il a si souvent repoussés. Dans la réponse rédigée par le commissaire Caminos, il écarta donc nettement la dérisoire proposition qui lui était faite. On ne saurait l'en blâmer; mais ce qu'on peut lui reprocher avec justice, c'est le manque de modestie dont il a fait preuve en laissant vanter son héroïsme et ses sacrifices dans un document officiel: ce n'est point à lui, c'est à la nation qu'il incombe de reconnaître s'il a bien ou mal rempli ses devoirs de serviteur public.

En terminant sa dépêche, M. Caminos prenait M. Gould à témoin que cette fois les alliés avaient bien certainement eu l'initiative des négociations; néanmoins, lorsque le voyage du diplomate anglais fut connu à Rio-de-Janeiro, on voulut croire à toute force que le maréchal Lopez, poussé à la dernière extrémité, demandait grâce aux envahisseurs de son pays. Les ministres n'osaient avouer de qui les premières démarches étaient venues, et, quand les nouvelles authentiques arrivèrent enfin, on se refusa longtemps à y voir autre chose que des calomnies d'origine paraguayenne. «Jamais, s'était écrié le président du conseil, M. Zaccarias, dans son discours du 7 juin 1867, jamais le gouvernement n'admettra cette supposition, que la petite république qui nous a offensés puisse ternir l'honneur de l'empire en nous opposant les avantages de son territoire et l'insalubrité de ses marais.» Pourtant il fallut bien ouvrir les yeux à l'évidence et reconnaître que le premier lassé dans cette interminable guerre, c'était le puissant empire et non l'imperceptible république. La joie qu'avait causée d'abord la perspective de la paix fit place à la colère. L'irritation fut grande, surtout à Rio-de-Janeiro et dans les autres villes du Brésil qui ont à supporter le poids si lourd des impôts de guerre, et qui ne cessent d'envoyer à l'armée leurs contingens d'hommes destinés à ne jamais revenir. On accusa les ministres d'ineptie et les généraux de lâcheté, on dénonça les Argentins comme des traîtres bien plus redoutables encore que de loyaux ennemis; on demanda que les troupes impériales, au lieu d'obéir au président Mitre, ce mauvais génie de l'expédition, se retournassent contre lui, afin de ne point revenir du Paraguay sans coup frapper. Il n'y a d'ailleurs point à s'étonner de ces récriminations des Brésiliens contre leurs alliés, car c'est l'empire qui a dû porter presque toutes les charges de la guerre, et les avantages de la paix doivent surtout profiter à la république argentine. Dans les pourparlers non officiels qui eurent lieu par l'entremise de M. Gould, le président Lopez, maintenant l'attitude qu'il avait prise à Yataiti-Cora, s'était montré, dit-on, très exigeant envers le Brésil et disposé aux plus larges concessions à l'égard des états républicains. Tandis qu'il demandait à l'empire la cession du territoire conquis dans le Matto-Grosso et l'évacuation immédiate de la Bande-Orientale, il avait exprimé le vœu de s'entendre à l'amiable avec le président Mitre sur toutes les questions litigieuses entre le Paraguay et les provinces de la Plata.

En dépit de la haine qui sépare les deux peuples et des sourdes rancunes qui s'amassent entre les deux gouvernemens de Rio-de-Janeiro et de Buenos-Ayres, le traité d'alliance subsiste, et par conséquent la guerre continue, plus hideuse peut-être que par le passé. Il ne s'agit plus aujourd'hui de préparer de grands mouvemens stratégiques et de lutter en batailles rangées: les combats qui se livrent dans les bois, dans les marais, au bord des ruisseaux, n'ont d'autre but que de couper les lignes d'approvisionnemens et de saisir les convois. Un troupeau de bestiaux effarés, une rangée de charrettes pleines de maïs ou de farine, tels sont les prix de chaque escarmouche, de chaque tuerie: les deux armées se battent encore plus pour la nourriture que pour la gloire. Dans une de ces expéditions de fortune, les Brésiliens ont en la chance d'atteindre la rive gauche du fleuve Paraguay et de conquérir momentanément la petite ville del Pilar; le général Andrada Neves fut même nommé baron «du Triomphe» en récompense de ce haut fait d'armes; mais bientôt le canon de deux bateaux à vapeur vint précipiter sa retraite, à laquelle le manque de vivres l'eût forcé tôt ou tard. D'ordinaire ce sont les Paraguayens qui ont le privilége de l'attaque, grâce à leur connaissance du pays et à la série de remparts et de fossés d'où ils peuvent s'élancer à l'improviste sur les colonnes en marche. Le 24 septembre, ils ont réussi, par une de ces apparitions soudaines, à s'emparer de la route directe qui relie le camp de Tuyuti à celui de Tuyucué: un engagement très meurtrier eut lieu sur les bords du marigot de Paso-Canoa que traverse le chemin; les impériaux furent dispersés, et les Paraguayens vainqueurs s'empressèrent de rattacher à leurs lignes le terrain qu'ils venaient de conquérir. Maintenant les convois doivent faire un long détour à travers les fondrières de l'Estero-Bellaco; à chaque voyage, les animaux risquent de mourir de fatigue ou de rester embourbés dans la fange: les deux côtés de la route sont parsemés de cadavres en décomposition.

Les entrepôts de Corrientes et d'Itapirù sont, il est vrai, remplis de vivres et de fourrages. Le gouvernement brésilien achète à prix d'or dans le Rio-Grande et les provinces argentines les milliers de bestiaux nécessaires chaque mois à l'alimentation de l'armée, et les dirige en toute hâte vers le théâtre de la guerre; mais cela ne suffit point. En dépit de tous les beaux projets présentés par les ingénieurs, les généraux alliés n'ont pas encore su, comme le général Grant assiégeant Petersburg, relier par un chemin de fer leurs lignes fortifiées à leur port d'approvisionnement, et, quelles que soient la richesse de leurs magasins et la multitude de leurs animaux de boucherie, ils n'en sont pas moins toujours menacés par la disette; très fréquemment déjà les soldats ont dû se contenter de demi-rations. Dans une de ses dépêches, le marquis de Caxias avoue même que sa préoccupation constante est de pouvoir assurer à son armée une avance de huit ou dix jours de vivres. Le danger des surprises est tel que les marchands d'Itapirù, appartenant presque tous à cette race génoise si audacieuse et si âpre au gain, n'osent point s'aventurer isolément au-delà du camp de Tuyuti. Il n'en coûte pas moins de 10 francs par arrobe (12 kilogrammes) pour envoyer un chargement d'Itapirù au quartier-général, de sorte que la location d'une simple charrette à bœufs revient à 1,000 francs par voyage; aussi toutes les denrées qui ne sont pas distribuées gratuitement aux troupes par le commissariat se vendent-elles à des prix exorbitans. D'ailleurs les Paraguayens ne sont pas les seuls ennemis à craindre; les maraudeurs des deux armées, cachés dans les broussailles, attendent les convois au passage pour s'emparer des bêtes égarées et piller les chars embourbés; les Indiens Guaycurus, que les commandans brésiliens avaient invités à pénétrer dans le Paraguay pour dévaster les plantations et voler le bétail, ont trouvé plus facile d'accomplir leur œuvre de rapine dans le voisinage du camp des alliés, et c'est en poussant devant eux des milliers de chevaux qu'ils se sont retirés dans leurs solitudes du Gran-Chaco; même les soldats de l'escorte, parmi lesquels se trouvent un grand nombre de condamnés pour crimes, pillent en détail les chariots qui leur sont confiés; enfin tout ce monde honteux de spéculateurs, d'aventuriers, de débauchés, qui pullule à la suite de l'armée prélève aussi sa part dans les entrepôts remplis à grand peine par les fournisseurs argentins. Quant au pays, il n'offre aucune ressource, tout ayant été dévasté par les Paraguayens eux-mêmes, qui ont abattu jusqu'aux cabanes de joncs, démoli jusqu'aux chapelles des hameaux; tout le territoire qui s'étend au sud du Rio-Tebicuari n'est plus qu'une solitude immense. Quelle sera la situation de l'armée brésilienne, si le général Urquiza fait exécuter avec rigueur la décision prise dans l'état d'Entre-Rios pour empêcher l'exportation du bétail, et si les provinces voisines en viennent à imiter cet exemple? Ce serait pour se voir arracher de la bouche la nourriture de chaque jour que les malheureux miliciens et esclaves de l'empire auraient été transportés à des milliers de kilomètres de leur pays, dans les terres à demi noyées du Paraguay! Quant à la garnison d'Humayta, elle est abondamment pourvue de toutes les denrées nécessaires à la vie, grâce au fleuve qui la fait communiquer avec l'Assomption, et sur lequel vont et viennent incessamment de nombreux bateaux à vapeur, rien de sérieux ne pourra donc être tenté par les Brésiliens contre le quadrilatère ennemi tant qu'ils ne l'auront pas investi, tant qu'ils n'auront pas étendu leurs lignes du fleuve Parana au Rio-Paraguay, sur une demi-circonférence de plus de 40 kilomètres; mais s'ils ont eu déjà tant de peine à maintenir leurs deux camps de Tuyuti et de Tuyucué, est-il probable que, même en doublant leur armée, ils puissent un jour se replier solidement au nord d'Humayta et se loger sur la rive gauche du Paraguay en prenant d'assaut le fortin de Tayi, situé sur une courbe du fleuve, au sud de la ville del Pilar? C'est là ce que l'avenir nous apprendra.

Sur la frontière septentrionale de la république, les armes brésiliennes n'ont pas été plus heureuses que sur la frontière méridionale. Après avoir employé plus d'une année à terminer sa marche à travers les forêts coupées de rivières et de marécages qui séparent les plateaux atlantiques de la grande dépression centrale de l'Amérique du Sud, une petite troupe d'environ 2,000 hommes, recrutée dans les provinces de Goyaz, de São-Paolo et de Minas-Gerães, avait fini par atteindre en septembre 1866 le village de Miranda, situé sur la rivière du même nom, affluent du Haut-Paraguay. Elle y resta pendant trois ou quatre mois, s'occupant du commerce du sel et d'autres denrées avec les diverses tribus des Indiens du voisinage; mais bientôt elle fut décimée par les fièvres paludéennes, les maladies de foie, l'hydropisie. Vers le commencement de l'année 1867, elle devait abandonner les terres basses et humides de Miranda pour gagner le campement plus salubre de Nioac, à l'endroit où la rivière du même nom commence à devenir navigable. Toutefois ce n'était là qu'une halte, car les ordres du gouvernement étaient formels: l'expédition devait se diriger vers la rivière d'Apa, que l'empire réclame pour frontière au nord de la république du Paraguay, et le nouveau colonel de la petite armée, M. Camisão, tenait d'autant plus à exécuter ces ordres que son prédécesseur, le colonel de Carvalho, l'avait accusé de lâcheté devant les troupes. Le 23 février, les Brésiliens, qui n'avaient pas même un escadron de cavalerie, se mirent en marche, dans l'espérance insensée qu'en dépit de leur petit nombre ils pourraient non-seulement reconquérir la partie du Matto-Grosso occupée par les soldats de Lopez, mais aussi pénétrer dans le Paraguay et peut-être même occuper la ville de Concepcion, à 200 kilomètres à peine de la capitale. Pendant leur pénible marche, qui dura près de deux mois, ils n'eurent d'ailleurs à lutter contre d'autres obstacles que ceux opposés par la nature elle-même: partout les petits détachemens de Paraguayens se retirèrent sans combat. Même sur la frontière de l'Apa, la garnison du fortin de Bella-Vista se hâta d'évacuer son poste à la vue du drapeau brésilien: les envahisseurs avaient le chemin libre, seulement ils étaient exposés à mourir de faim. Ils essayèrent vainement de surprendre, à une vingtaine de kilomètres plus au sud, l'*invernada* de la Laguna, où le président Lopez faisait garder plusieurs milliers de têtes de bétail; à l'arrivée des Brésiliens les bœufs avaient disparu. Il fallut bien se résoudre à la retraite afin de ne pas succomber d'inanition. Dès que le colonel Camisão eût repassé l'Apa, les insaisissables cavaliers paraguayens apparurent tout à coup sur les flancs et en tête de la petite bande pour s'emparer des traînards, obstruer les chemins, saisir les convois de vivres expédiés de Nioac. Devant chaque marécage, au tournant de chaque rivière, les Brésiliens, épuisés de fatigue et de faim et graduellement réduits en nombre, devaient se serrer les uns contre les autres pour résister à de soudaines attaques. On dit même que dans les plaines ils eurent souvent à s'enfuir précipitamment pour éviter l'incendie que l'ennemi avait déchaîné contre eux en allumant les grandes herbes. Afin d'éviter leur terrible escorte de cavaliers paraguayens, les fuyards durent se jeter à droite dans un pays montueux où les attendaient d'autres fatigues. Le choléra se déclara brusquement parmi eux: des centaines de cadavres furent ensevelis à la hâte; 122 malades pour lesquels on n'avait plus de moyens de transport furent abandonnés dans la forêt; même le commandant de la troupe et son lieutenant, M. Cabral de Menezes, purent voir disparaître leurs soldats avant que n'eût commencé pour eux l'agonie de la mort. Enfin les malheureux faméliques, n'ayant pour toute ration qu'une once de viande par jour, atteignirent Nioac. Ils croyaient toucher au terme de leur lamentable odyssée; mais la place s'était rendue aux Paraguayens, et la retraite dut continuer encore plusieurs jours jusqu'au pied du Monte-Azul, où les survivans de l'expédition trouvèrent à la fois de la nourriture, des soins et le repos indispensable après tant de fatigues.

Pendant que ces tristes événemens s'accomplissaient, le gouverneur de Cuyaba, M. Couto de Magalhães, qui aurait dû, semble-t-il, s'occuper avant tout de marcher au secours de l'infortuné colonel Camisão, dirigeait une force de 2,000 hommes vers un point tout opposé de la province, c'est-à-dire vers le fleuve Paraguay. Il voulait reconquérir le fortin de Corumba, dont les Paraguayens s'étaient emparés dès le commencement de la guerre, et où ils avaient laissé une petite garnison. Les débuts de l'expédition furent assez heureux: le 13 juin, la flottille brésilienne réussit à surprendre le fort, situé sur un monticule qu'entouraient les eaux débordées du fleuve. Après un combat acharné qui dura près de deux heures, les assaillans, beaucoup plus nombreux que leurs adversaires, finirent par l'emporter, et massacrèrent, dit-on, la plupart des blessés qui se trouvaient entre leurs mains. Toutefois ils ne devaient pas rester longtemps possesseurs des murs reconquis. Quatre jours après, ayant aperçu de loin quelques vapeurs paraguayens envoyés de l'Assomption pour reprendre Corumba, ils jugèrent prudent d'abandonner la place, où d'ailleurs la petite vérole commençait à les décimer, et laissèrent définitivement à leurs ennemis ce point important, d'où part la nouvelle route qui relie le Paraguay aux villes du plateau bolivien. Ainsi, au nord comme au sud de la petite république, les combats, les batailles, les expéditions diverses, n'ont presque rien changé, pendant les douze mois qui viennent de s'écouler, aux positions respectives des belligérans. Le Paraguay a su maintenir ses frontières militaires, et, s'il reste bloqué du côté de l'Atlantique, il garde toujours, par la Bolivie, ses libres communications avec la Mer du Sud.

V

D'après les renseignemens que donnent sur l'état du Paraguay les journaux du pays et les rares étrangers qui ont pu franchir les lignes militaires, la nation est loin d'être épuisée. Tous les hommes valides étant soldats, la population, qu'elle soit de 1,500,000 âmes ou seulement de 1 million, est assez considérable pour opposer aux envahisseurs un nombre toujours égal de combattans. Si le Paraguay, dans une crise suprême, devait mettre sur pied autant d'hommes en proportion que les états à esclaves de l'Amérique du Nord en avaient dans leurs armées, le président Lopez pourrait compter sous ses ordres au moins 60,000 soldats. Le fait est que jusqu'à présent les Brésiliens ont toujours trouvé leurs adversaires en nombre aux bords du Parana comme sur les rives de l'Apa et du Haut-Paraguay, et des milliers de recrues s'exercent en outre dans tous les camps de l'intérieur. Pourvu que l'armée de la république ait en quantité suffisante la nourriture, les vêtemens et les armes, elle peut résister indéfiniment à toutes les forces du Brésil, car elle ne reçoit point de solde et n'en demande aucune.

En l'absence des hommes, ce sont les femmes qui cultivent le sol, et grâce à l'ensemble avec lequel elles ont su, en vue du salut public, combiner tous leurs travaux, la patrie paraguayenne n'a jamais eu à redouter de famine pendant la longue guerre; cette année surtout, les récoltes de maïs, de manioc, de légumes, de fourrages, ont été d'une grande abondance. Ce sont aussi les femmes qui filent la laine et tissent les étoffes de toute espèce; dans les entrepôts des camps, il n'est pas une pièce de vêtement qui ne soit sortie de la main des Paraguayennes, et qui n'ait été présentée au gouvernement en offrande patriotique. Quant à la fonderie de fer d'Ibicuy et à l'arsenal de l'Assomption, les ouvriers y travaillent jour et nuit sous la direction d'ingénieurs anglais pour fondre et rayer les canons, fabriquer les balles, les cartouches et la poudre, car c'est de l'incessante activité de ces établissemens que dépend l'indépendance même de la nation. En outre le blocus du Parana ne pouvait manquer de faire naître de nouvelles industries. Les Paraguayens construisent maintenant des machines, préparent d'excellent papier, utilisent pour la fabrication des étoffes certaines fibres textiles qui ne sont pas employées ailleurs, telles que le *caraguata*, l'*ibira*, l'ortie, remplacent les vins français par des vins indigènes. Les objets de luxe importés jadis de l'étranger ou bien introduits malgré le blocus sont d'une excessive cherté; cependant le chemin frayé pour la première fois en 1865 entre le Paraguay et la Bolivie par Corumba et Santa-Cruz de la Sierra est de plus en plus fréquenté des caravanes. Tout droit de douane et d'entrepôt ayant été supprimé en faveur des marchandises venues par cette voie, la ville de l'Assomption est devenue une place importante pour les négocians boliviens. Grâce à l'ouverture de la nouvelle route commerciale, les échanges du port de Cobija, sur le Pacifique, se sont accrus d'une manière notable.

Non-seulement le Paraguay a les moyens matériels de continuer la guerre contre les envahisseurs brésiliens, mais il a aussi l'enthousiasme national, sans lequel rien de grand ne pourrait s'accomplir. La merveilleuse unanimité, la constance inébranlable dont le peuple a fait preuve dans cette lutte qui lui a déjà coûté tant de sang, ne peuvent être commandées par un despote; elles doivent être le produit le plus pur de la vie nationale. Les Hispano-Guaranis ne veulent à aucun prix se laisser asservir par cette race portugaise qu'ils ont combattue depuis trois siècles, et qui tente maintenant de faire conquérir leur territoire par des esclaves; ils préfèrent sacrifier leur fortune et leur vie, et c'est pour cela que, tout en commençant à comprendre leurs droits de citoyens, ils observent cependant une si rigoureuse discipline; la nation tout entière est devenue volontairement une armée. De toutes parts l'argent afflue au trésor; l'arsenal et la fonderie sont alimentés de fer et de cuivre par les ouvriers et les paysans, qui apportent leurs vieux outils; des quantités de dons en nature sont expédiés directement au camp d'Humayta, étoffes, barils de mélasse, légumes, charretées de foin, herbes médicinales, fruits de toute espèce. Dans cette généreuse rivalité, ce sont les femmes surtout qui se distinguent; elles couronnent de fleurs les jeunes gens qui vont rejoindre le camp, et ne prennent point le deuil pour ceux des leurs qui tombent sur le champ de bataille; elles demandent même à prendre les armes. Récemment les dames de l'Assomption, réunies en assemblée générale, ont décidé qu'elles donneraient à la patrie tous leurs bijoux d'or ou d'argent, et leur exemple a été aussitôt suivi dans toutes les villes et les villages de la république. Après avoir recueilli par boisseaux les broches et les pendans d'oreilles, les dames patronnesses présentèrent solennellement leur offrande au vice-président de la république. Toutefois le maréchal Lopez ne voulut point accepter ce magnifique présent; dans une lettre datée du quartier-général et remplie de complimens à l'adresse du «beau sexe,» il déclara que le Paraguay était assez riche pour que les femmes n'eussent pas encore à se priver de leurs bijoux; il consentait seulement à prélever, au nom de la patrie, un vingtième de l'offrande pour en frapper une monnaie d'or qui servirait bien plutôt à rappeler le patriotisme des Paraguayennes qu'à être utilisée comme moyen d'échange. Dans un pays où les femmes méritent vraiment un pareil honneur, le peuple ne saurait être destiné à un éternel servage. Les descendans des Guaranis, devenus plus fiers par la conscience de ce qu'ils ont su accomplir durant cette grande guerre, et se trouvant de plus en contact avec le monde moderne, finiront par comprendre un peu mieux le titre de républicains qu'ils se sont donné lors de leur séparation du grand empire colonial de l'Espagne. Il est seulement à craindre que la gloire militaire, ajoutée au prestige qu'a toujours eu le président ou *supremo* aux yeux de ce peuple enfant, ne transforme pour eux le maréchal Lopez en une sorte de demi-dieu. S'il réussit à terminer triomphalement la guerre actuelle, et que sa victoire fasse de lui l'arbitre des destinées de la Plata, les soldats qui l'ont aidé à défendre le sol du Paraguay le suivront peut-être en conquérans sur les terres de leurs voisins. Il y a là un sérieux danger pour l'équilibre des nations platéennes; mais ce danger, ces nations l'ont elles-mêmes créé par leur traité funeste avec l'empire du Brésil.

Si le peuple paraguayen s'est dressé comme un seul homme en face de l'étranger, on ne voit au contraire que troubles et dissensions dans les deux républiques de la Plata et de la Bande-Orientale. Après la révolte des provinces de Cordova, de San-Luis, de Mendoza, les districts andins du nord-ouest se sont soulevés à leur tour, les uns pour se rendre indépendans de Buenos-Ayres, les autres pour n'avoir à prendre aucune part à la guerre contre le Paraguay. A ces mouvemens locaux sont venues s'ajouter, paraît-il, bien des expéditions de pillage. D'anciens chefs de bande exilés du territoire argentin ont reparu tout à coup pour mettre les villes à contribution et saccager les *estancias*; des mineurs accourus du versant chilien des Andes viennent prendre leur part du butin, puis à la première alerte franchissent de nouveau la montagne pour se mettre en sûreté. Sur la lisière méridionale de la partie cultivée des pampas, les Indiens sauvages ont aussi multiplié leurs incursions, et même un jour les employés du chemin de fer du Grand-Central ont dû s'enfermer en toute hâte dans les bâtimens d'une station afin d'éviter d'être capturés au *lasso*. Dans les îles boisées du Parana, comme jadis sur les côtes inhospitalières de l'Océan, se sont installés des *naufrageurs* qui s'emparent des embarcations isolées et s'attaquent même aux grands navires échoués sur les bancs de sable. Enfin le colonel Aparicio vient de franchir l'Uruguay et de pénétrer dans la Bande-Orientale à la tête de quelques *gauchos*; mais on ne sait encore s'il commande une simple expédition de pillage ou s'il vient se mettre à la tête d'une sérieuse révolution contre Florès, le proconsul brésilien. Quant aux dissensions intestines qui ne dégénèrent pas en lutte ouverte, elles se produisent sur tant de points à la fois et à propos d'un si grand nombre de questions, qu'il serait bien difficile d'en raconter l'histoire. Sauf dans l'Entre-Rios, que l'on pourrait considérer comme une sorte de domaine privé du général Urquiza, le continuel tournoiement des partis a pour conséquence un incessant va-et-vient dans le personnel de l'administration. Depuis la bataille de Pavon, en septembre 1861, vingt-deux gouverneurs, sur lesquels dix-huit généraux et quatre avocats, se sont succédé dans la province de Mendoza; dans le Catamarca, la rotation des places est bien plus rapide encore, puisque le nombre des gouverneurs a été de dix-neuf en une seule année. A Buenos-Ayres même, le ministère du président Mitre s'est modifié diverses fois, suivant les oscillations de la politique, la pression plus ou moins forte exercée par le cabinet de Rio-de-Janeiro et les alternatives des rivalités personnelles. L'approche des élections pour la présidence de la république surexcite les ambitions opposées, et les partisans d'Alsina, de Sarmiento, d'Urquiza, de Rawson, s'attaquent et s'injurient réciproquement dans leur zèle de propagande électorale. Ce qui augmente encore la confusion, c'est que la ville de Buenos-Ayres est toujours le siége de trois administrations souveraines, celles du municipe, de la province et de la république. D'après la loi, c'est précisément cette année que Buenos-Ayres a cessé d'être la capitale provisoire de la Plata; mais, le congrès s'étant séparé avant de s'être entendu sur le choix d'une nouvelle cité fédérale, il devra demander la permission à la ville de tenir sa prochaine session dans l'ancien palais. Les villes de province qui subissent avec impatience la suprématie des *Porteños*, ou qui espèrent pour elles-mêmes le titre de capitale, menacent de refuser obéissance à ce congrès qui n'a pas même de domicile légal, et que la ville de Buenos-Ayres aurait strictement le droit d'expulser hors de ses murs.

Quelle que soit pourtant la singulière instabilité des choses dans la république argentine, les avantages de la liberté sont tels que le pays n'en progresse pas moins d'une manière très rapide. Des écoles s'ouvrent dans toutes les villes et dans les villages des pampas, on fonde en divers endroits des colléges supérieurs et des bibliothèques publiques; les journaux deviennent de plus en plus nombreux, l'amour de la lecture se répand. La foule des immigrans ne cesse de s'accroître malgré la guerre, et cette année le chiffre de 12,000 individus, représentant un centième de la population totale, sera certainement dépassé. Italiens, Basques espagnols et français, Irlandais, Anglo-Saxons, Américains du Nord, tous apportent leur industrie et contribuent pour leur part à la prospérité du pays: ils défrichent les solitudes, apportent des procédés de culture, fondent des établissemens industriels, et travaillent, même sans le vouloir, à civiliser leurs nouveaux concitoyens: c'est ainsi que, grâce à eux, la législature de Santa-Fé vient d'adopter une loi qui, en retirant aux prêtres les registres de l'état civil, assuré désormais la liberté du mariage entre personnes de cultes différens. Par suite de l'accroissement du commerce sur les rives de la Plata et de ses affluens, la navigation y est devenue plus importante que sur tous les autres fleuves réunis de l'Amérique du Sud. Près de 2,500 navires, y compris 100 bateaux à vapeur, voguent sur les eaux intérieures de la république argentine, et transportent dans l'année plus de 1 million de tonnes de marchandises. Enfin dans les provinces de la Plata comme dans la Bande-Orientale, les habitans se sont mis avec une sorte de fièvre à l'exécution de grands travaux publics; les chemins de fer argentins se prolongent rapidement à travers la pampa pour atteindre des localités naguère inconnues à la géographie, et déjà des compagnies offrent de construire des lignes ferrées se dirigeant des bords de l'Atlantique jusqu'à la base même des Andes.

Un fait explique l'étonnante activité des habitans de la Plata, relativement si peu nombreux. En dépit du traité d'alliance, les deux républiques de la Bande-Orientale et de la Plata sont devenues des puissances neutres dans la guerre du Paraguay. Les premiers efforts qu'elles ont faits leur suffisent: depuis longtemps, Montevideo n'envoie plus un homme aux camps, et le contingent de la république argentine, comparé au nombre des recrues brésiliennes, est d'une faiblesse dérisoire. Les subsides votés par les chambres de Buenos-Ayres ne forment non plus qu'une part bien minime dans le total énorme des sommes qui se dépensent dans la grande lutte. La haine contre le Brésil et la sympathie pour le Paraguay augmentent sans cesse, et ne permettent pas au gouvernement de continuer avec persévérance des hostilités contre Lopez; peu à peu les Argentins sont devenus de simples spectateurs du terrible drame dont le Brésil et le Paraguay font tous les frais. En même temps ils sont les intermédiaires commerciaux du grand mouvement d'hommes et de denrées qui s'opère entre Rio-de-Janeiro et le campement du Tuyucué. C'est à Montevideo, à Buenos-Ayres et dans les villes riveraines du Parana que se dépensent les millions du trésor brésilien; tandis que les impôts sont doublés et que les assignats remplacent l'or dans l'empire appauvri, les deux républiques recueillent au contraire toutes les richesses que prodigue leur puissant voisin pour satisfaire son ambition de conquête.

VI

Le poids de la guerre retombant presque en entier sur le Brésil, on ne saurait s'étonner qu'il montre déjà les signes d'une bien grande lassitude. Seules dans toute l'étendue de l'empire, les populations du Rio-Grande-do-Sul sont assez rapprochées du Paraguay pour que la lutte les passionne et que la défaite leur fasse craindre des représailles: aussi est-ce dans cette province que le gouvernement a trouvé en proportion le plus grand nombre de volontaires. Dans les autres parties du Brésil, à une distance de plusieurs milliers de kilomètres de la république du Paraguay, les habitans ne sauraient éprouver pour la conquête du fort si lointain d'Humayta cette rage militaire qui porte à sacrifier joyeusement sa vie; ils se bornent à faire des vœux en faveur des succès de leurs compatriotes et ne se laissent arracher que par la force à leurs occupations ordinaires. Bien que dans la nation il ne se trouve pas moins d'un million d'hommes valides, le nombre des engagés volontaires ne s'est pas même élevé à la cinquantième partie de ce chiffre, et, quand le pays a perdu sa première armée de 30 à 40,000 combattans, il a fallu, pour remplacer les victimes, armer jusqu'aux criminels et payer à grand prix des régimens d'esclaves. Récemment de nouveaux gouverneurs ont été envoyés dans la plupart des provinces, avec mission de presser de toutes leurs forces l'opération du recrutement; malheureusement les moyens qu'ils doivent employer pour arriver à leurs fins sont de nature à calmer tout ce qui peut rester d'enthousiasme guerrier chez les populations.

La longue lutte n'a pas seulement rendu le recrutement très difficile, elle a aussi presque épuisé les ressources du pays et jeté le gouvernement dans les plus cruels embarras financiers. Les emprunts, soit à l'étranger, soit dans le pays lui-même, étant devenus complétement impossibles, il est désormais indispensable d'émettre du papier-monnaie en quantité relativement énorme. Déjà, vers le milieu du mois d'août 1867, lors de la discussion du budget par l'assemblée générale, la circulation fiduciaire, comprenant 110 millions de billets d'état et 180 millions de billets de la banque du Brésil, s'élevait à 290 millions. A cette masse de papier, la loi votée par le parlement vient d'ajouter encore une nouvelle émission de 145 millions, en sorte que l'empire brésilien, avec ses 8 millions d'habitans libres, emploie pour ses échanges près d'un demi-milliard de billets et d'assignats garantis par un trésor sans ressources. Dans le monde entier, il n'est pas un seul pays qui ait en proportion une aussi forte quantité de papier-monnaie, et ce n'est là pourtant qu'un commencement. La redoutable avalanche de billets ne cessera de grossir jusqu'à ce que la nation soit complétement ruinée, car la guerre est toujours là, insatiable, dévorante, et les millions disparaissent avec une vertigineuse rapidité. Puisque les coffres sont vides, et que, par vanité nationale, on veut absolument continuer sur les bords du Paraguay cette déplorable tuerie qui coûte 1 million par jour, il faut bien remplacer le métal sonnant par de l'argent fictif et d'avance condamner le pays à la banqueroute. «Nous ne voulons pas, disait un orateur de l'opposition, M. Silveira da Motta, nous ne voulons pas refuser les moyens nécessaires à la continuation d'une guerre, désastreuse si l'on veut, mais nationale; nous devons nous résigner à la pauvreté et à l'inévitable infortune, mais non au déshonneur. Je vote donc pour la proposition du noble ministre; je vote pour ce fléau du papier-monnaie, je vote l'émission de 145 millions, et, si le ministre demande davantage, je le lui donnerai encore. Il faut que la guerre, cette effrayante calamité que l'on eût si bien pu éviter, apparaisse dans l'histoire suivie de tous les malheurs, comme d'un immense convoi funèbre.»

Il est à craindre que les sinistres appréhensions de M. Silveira da Motta ne se réalisent bientôt. Sur la place de Londres, les titres des emprunts brésiliens se maintiennent à peu près au même cours, grâce à l'habileté des puissans capitalistes qui les possèdent et qui se sont entendus pour ne pas en laisser tomber la valeur nominale; mais ces mêmes financiers, qui se font ainsi par intérêt les garans du Brésil, se gardent bien maintenant de lui prêter leurs capitaux. Dans le pays lui-même, le crédit du trésor est fortement ébranlé. L'or est monté rapidement à 24 pour 100 de prime, l'argent est moins recherché, toutefois au commencement d'octobre il gagnait déjà 13 pour 100 d'agio; quant à la monnaie de cuivre, que l'on achète moyennant une commission de 20 pour 100, elle est devenue si rare que dans toutes leurs petites transactions les ménagères se trouvent fort embarrassées: elles se servent de timbres-poste, de billets d'omnibus, de chemin de fer et de bateau à vapeur; pour fournir les coupures indispensables à la vente et à l'achat des denrées de première nécessité, les commerçans, les propriétaires d'hôtel, les épiciers, émettent des assignats de toute forme et de toute dimension, aux légendes et aux figures les plus bizarres. Chaque jour, suivant le degré de confiance inspiré par les divers industriels, la valeur de ces petits carrés de papier se modifie; autour du moindre objet qu'un esclave marchande sur la place publique, il s'établit aussitôt une bourse en plein vent.

En dehors des ressources fictives que procure le papier-monnaie, les seuls moyens de subvenir aux énormes besoins du trésor sont les cotisations volontaires et l'impôt. L'empereur dom Pedro, très désireux de contribuer à l'allégement des charges du peuple, a donné l'exemple des sacrifices patriotiques en faisant abandon du quart de sa liste civile, qui du reste est déjà fort minime, comparée à celle des autres souverains; toutefois il n'a été suivi dans cette voie que par les princes de sa famille; les députés et les sénateurs l'ont très vivement applaudi, mais ils n'ont point imité son désintéressement. Ils se sont bornés à voter avec divers amendemens la grande augmentation d'impôts qui leur était proposée par le ministre Zaccarias. Le produit des nouvelles taxes est évalué d'avance à une trentaine de millions par an, soit au sixième des recettes nationales; toutefois il est à craindre qu'elles n'aient pour résultat d'amoindrir les ressources ordinaires en diminuant les charges. Elles frappent l'importation et l'exportation, de même que les héritages et tous les actes relatifs à la transmission des propriétés; elles grèvent l'exercice de toutes les industries, les loyers, les courtages; elles sont prélevées sur les lettres de change et les factures, sur les billets de loterie et les titres honorifiques. La servitude des noirs devient aussi une source de revenus pour le gouvernement, puisque les maîtres doivent acquitter par tête d'esclave une taxe variant de 10 à 27 francs, suivant les localités. Au point de vue fiscal, le plus dangereux de tous ces impôts est celui qui pèse sur l'exportation des denrées agricoles; le droit de 9 pour 100 qu'elles acquittent à la sortie, et auquel s'ajoutent encore les taxes perçues par les provinces, est beaucoup trop fort pour que la production et le commerce n'en soient pas gravement atteints. Ces impôts sont en réalité une forte prime donnée aux pays étrangers qui récoltent les mêmes denrées que le Brésil. La pénurie du trésor est telle que le gouvernement se voit obligé de sacrifier ses ressources futures pour les besoins du présent; c'est ainsi que, sans l'opposition du sénat, il eût essayé de vendre pour une trentaine de millions le chemin de fer de dom Pedro II, qui rapporte chaque année plus du tiers de cette somme.

On voit dans quelle périlleuse situation se trouvent les finances du Brésil, et cependant l'attitude politique du gouvernement rend une amélioration des choses tout à fait impossible. Quand même le marquis de Caxias réussirait à s'emparer d'Humayta, quand même il entrerait victorieusement à l'Assomption, l'empire serait toujours obligé de maintenir une forte armée dans le Paraguay et dans les républiques de la Plata, sous peine de perdre en un jour le fruit de toutes ses conquêtes. Ce ne sont pas seulement les descendans des Guaranis, ce sont aussi les Argentins et les Orientaux que les Brésiliens auraient à comprimer par la force, et cette tâche ardue ne saurait manquer tôt ou tard d'épuiser complétement la nation. Le cabinet de Saint-Christophe n'ignore point que la haine traditionnelle des Platéens contre leurs voisins d'origine portugaise s'est accrue pendant la guerre, il sait que la presse presque tout entière fait des vœux pour le succès des «frères» paraguayens, et que les chambres ont voté des fonds pour acheter des navires cuirassés qui pourront au besoin servir contre le Brésil. Chose bien plus grave encore, les représentans de la république argentine ont décidé qu'une somme de 2 millions de francs serait employée à fortifier la petite île de Martin-Garcia, qui commande à la fois les deux embouchures du Parana et de l'Uruguay. Après s'être épuisés pendant plus de deux années contre les remparts imprenables de la forteresse paraguayenne, dans le vain espoir de débloquer l'entrée militaire du Paraguay et du Haut-Parana, les Brésiliens verraient donc s'élever dans l'estuaire même de la Plata un autre Humayta qui leur interdirait à jamais l'entrée des eaux de l'intérieur. Ce funeste traité qui associait deux républiques à l'empire pour la conquête d'une autre république n'a réussi qu'à brouiller les alliés et à préparer entre eux une lutte future; déjà même on se demande si les Brésiliens, dans le ressentiment causé par leur insuccès contre Humayta, ne se retourneront pas contre Buenos-Ayres. Ainsi la guerre sortirait de la guerre; comme dans le drame antique, le crime enfanterait le crime.

Et pourtant les immenses difficultés extérieures contre lesquelles se débat l'empire doivent être considérées comme peu de chose en comparaison des malheurs qui le menacent tant que subsistera l'esclavage, et qui ne manqueront pas de l'étreindre un jour. Selon

M. Pompeu, le principal statisticien du Brésil, les noirs asservis sont au nombre de plus de 1,780,000, près du cinquième de la population; ils sont ainsi relativement plus nombreux que les esclaves des États-Unis avant la terrible guerre qui s'est terminée par le triomphe de la liberté. Quoi qu'on en dise, aucune mesure n'a encore été prise pour hâter l'affranchissement de ces hommes, qui sont de fait rejetés en dehors de la loi: quelques paroles tombées du trône, un projet du conseil d'état qui renverrait le décret d'émancipation à la première année du XXe siècle, tels sont les seuls motifs qui permettent aux Africains asservis d'espérer leur libération: d'ailleurs, dans les discussions qui ont eu lieu à ce sujet, les ministres ont donné aux sénateurs et aux députés l'assurance formelle qu'on se garderait bien de porter la moindre atteinte à leur propriété vivante tant que le pays se trouverait dans ses embarras financiers et politiques. C'est renvoyer la solution de la question à un avenir bien éloigné; mais les esclaves attendront-ils aussi patiemment que les ministres, et les maux engendrés par la servitude cesseront-ils comme par miracle de ronger le corps social pendant le long délai qu'impose l'aristocratie des planteurs à l'avènement du droit? Cela n'est point probable, et, sans crainte de se tromper, on peut affirmer d'avance que de gré ou de force les ilotes du Brésil se placeront bientôt comme citoyens à côté de leurs anciens maîtres. Les propriétaires ligués pour la conservation de leurs esclaves s'écrient avec effroi que l'empire ne peut manquer de succomber avec la servitude, et leurs craintes ne sont point sans fondement. A chaque état social correspond une forme politique particulière. Dans le Brésil et à Cuba, les deux seules contrées de l'Amérique latine où prévalent encore les institutions monarchiques importées du vieux monde, ces institutions se trouvent associées à l'esclavage, et ce n'est point là un pur hasard. Par un contraste des plus frappans, l'émancipation des noirs est devenue dans toutes les républiques espagnoles le complément indispensable de la révolution politique inaugurée en 1810. Est-il donc contraire aux lois historiques de penser que l'affranchissement des travailleurs encore asservis du Brésil, uni aux conséquences de la guerre du Paraguay, portera un coup fatal à la forme actuelle du gouvernement?